W0252900

Reise durch die

DOMINIKANISCHE REPUBLIK

Bilder von
Christian Heeb

Texte von
Karin Hanta

Stürtz

Erste Seite:
„Guineas" heißen Bananen in der Dominikanischen Republik. An Tausenden Fruchtständen wird taufrisches Obst angeboten, zum Teil auch aus biologischem Anbau.

Vorherige Seite:
Las Terrenas auf der Halbinsel Samaná ist an herrlichen weißen Sandstränden mit äußerst ruhigem Wasser gelegen. Riesige Hotelbunker kann man hier lang suchen. Das Städtchen setzt auf Ökotourismus.

Unten:
In dieser „Botanica" im Mercado Modelo von Puerto Plata werden Kerzen, Kräuter und andere Utensilien für Zeremonien der afrokaribischen Vodúm-Religion verkauft.

Seite 10/11: *Die Tropical Lodge Casa Bonita in Bahoruco an der Südwestküste des Landes liegt inmitten eines tropischen Waldes. Gäste zischen auf der Zip-Line an den Bäumen vorbei.*

Inhalt

Das Hotel Villa Serena im Dorf Las Galeras auf der Halbinsel Samaná verfügt über einen herrlichen Strand. Auch Yogastunden können die Gäste im grasbewachsenen Park nehmen.

In die Dominikanische Republik, der Liebe wegen. 1992, 500 Jahre nachdem Christoph Columbus auf dieser Insel die erste Ansiedlung in der Neuen Welt gründete, lädt mich mein karibischer Boyfriend in das Palmenparadies ein. Das Abenteuer beginnt schon am Flughafen von New York. Wir stehen inmitten einer Gruppe schnell sprechender Dominikaner, die sich alle auf einen Besuch in der alten Heimat freuen. Was sie da alles mitbringen – Fernsehgeräte, Stereoanlagen und dicke Lederkoffer, die bis zum Platzen voll gestopft sind. Daneben sehen unsere Reisetaschen eher mickrig aus. Eine kurvige Blondine mit kurzen schwarzen Wurzeln mustert mich eingehend. Ob es mir etwas ausmachen würde, einen ihrer Koffer als den meinen anzugeben. Da noch kein Mensch ahnen kann, welch strenge Bestimmungen Reisenden nach dem 11. September 2001 auferlegt werden, stimme ich bereitwillig zu.
Einmal in Santo Domingo angekommen, brauchen wir eine Stunde für den Zoll. „Wo wollt ihr zwei denn hin?“, fragt uns Rubia, nachdem wir ihre Koffer heil zum Ausgang gebracht haben. „Rubia“ heißt auf Spanisch blond und so nennen sie ihre am Flughafen versammelten Familienmitglieder. „Nach Las Terrenas auf der Halbinsel Samaná“, geben wir ihr zur Antwort. „Kein Problem. Das ist nicht weit. Ich kann euch bis Santiago mitnehmen und von dort bringt euch einer meiner Freunde weiter. Ehrensache, da ihr mir doch so sehr geholfen habt.“
Gesagt, getan. Wir setzen uns auf die Ladefläche ihres Kleinlastwagens. In der tropischen Sonne und bei frischem Fahrtwind zischen wir über die Landstraße in eine Richtung, die wir vorher auf der Landkarte nicht genau abgecheckt haben. Denn: Santiago im westlichen Teil der Insel ist mindestens vier Stunden von der im Osten gelegenen Halbinsel Samaná entfernt und durch eine lange Bergstraße getrennt.

Dominikanische Gastfreundschaft

Rubia lädt uns in das Haus ihrer Eltern ein. Zuerst einmal müssen sie und ihre Familie auf unser Wohl anstoßen. Mit Rum, versteht sich. Und dann müssen wir die Pastelitos von Mami kosten. „Vielen Dank, aber eigentlich sollten wir uns auf den Weg machen." „Was da? Trink noch ein Glas, dann fahren wir." Dann wird es jedoch spät. Da die Straßenbeleuchtung in der Nacht zu wünschen übrig lässt, bieten uns Rubias Eltern ihr Schlafzimmer an. So weit geht die Freundschaft dann doch nicht. In einem einfachen Hotel im Stadtzentrum steigen wir schließlich ab und hoffen, dass uns die Cucarachas im Dunklen nicht finden.

Am nächsten Morgen warten wir auf unseren Transport nach Las Terrenas. Rubia kann es aber leider selbst nicht tun und hat ihren Freund Ramón mit dem großen Lastwagen mitgebracht. „Für 300 Dollar bringe ich euch schon hin", gibt dieser von sich. „Wie bitte? Das übersteigt unser Reisebudget!" Anscheinend nimmt er an, dass wir aus den USA mit Goldtalern in der Tasche angeflogen kamen.

Unsere Transportalternative heißt Guagua, oder UaUa, wie es die Einheimischen aussprechen. In diesen unklimatisierten Kleinbussen reisen zumeist einfachere Leute. Wir setzen uns in den überfüllten Bus und spannen die Muskeln an, wenn es über ein Schlagloch geht. Langsam zwängt sich der Bus einen Berg hinauf. Auf einer Anhöhe angelangt, offenbart sich uns jedoch das Paradies: Türkisblaues Meer und üppige Vegetation, soweit das Auge reicht.

In Las Terrenas umrahmen ein paar einfache Buden die nicht asphaltierte Straße, die genau zum Strand führt. Auf dem Meer tuckern gerade ein paar Fischer auf bunten Booten mit ihrem heutigen Fang nach Hause. Ein halbes Dutzend Pensionen mit hübschen Gärten reiht sich entlang des Strandes aneinander. Unsere gehört der Schweizerin Marlene. Einfach und doch komfortabel sind ihre drei Bungalows eingerichtet. An der Decke vertreibt ein riesiger Ventilator die Hitzewellen. Über die Betten sind Moskitonetze gehängt, die uns vor Stechmücken schützen.

Aber nichts wie auf zum Strand: Playa Las Ballenas fühlt sich ja wie ein Planschbecken an. Weiß der Sand, kristallklar und vollkommen ruhig das Meer. Wir schwimmen den ganzen Tag und essen abends in den einfachen Lokalen Reis, Bohnen und Fleisch von der Riesenmuschel in einer würzigen Tomatensauce. Abends tanzen wir mit den Einheimischen Bachata, zur Musik der Landbevölkerung, über die die gehobene Schicht zu dieser Zeit noch die Nase rümpft. Die Bewegung wird aus dem Knie angesetzt und so wackeln wir nach links und nach rechts und schließen den Grundschritt mit einem

leichten Fußtappen ab. Dazu leiern die Elektrogitarren. Bachata ist nämlich der Blues der Karibik. In ihren Liedern erzählen die Sänger von Eifersucht und Liebesleid. Aber auch von Wollust. In zweideutigen Texten werden verschiedene Körperteile mit tropischen Früchten wie Mangos und Bananen beschrieben. Wenn gerade so ein Lied aus dem Lautsprecher dröhnt, lachen sich die Einheimischen einen Ast: Die Gringa schwingt zu diesem Song wohl nichtsahnend ihre Hüften. „He, spielt hier auch hin und wieder Salsa?", wollen mein Reisebegleiter und ich wissen. „Nein, da müsst ihr schon nach Puerto Rico oder Kuba fahren", bekommen wir zur Antwort. „Die Dominikanische Republik ist das Land des Merengue und der Bachata."
Untertags entdecken wir den Rest der Halbinsel. In der Hügellandschaft um Las Terrenas versteckt sich nämlich ein riesiger Wasserfall. Wir lassen uns von den Mopedfahrern Felix und Raúl zum Salto El Limón führen. Dann wandern wir zwei Stunden einen Waldweg bergauf und bleiben plötzlich wie angewurzelt stehen: Vor uns stürzt der 52 Meter hohe Wasserfall in ein kristallklares Becken. Ein Süßwassernaturwunder! Und das Beste: Keine Menschenseele außer uns hat beschlossen, ihn heute zu besuchen. Wir springen ins Wasser und fühlen uns wie Adam und Eva im Garten Eden.

Kolonialer Charme

Auch die Hauptstadt will von uns erforscht werden. Wir fahren wieder mit dem Guagua-Bus Richtung Santo Domingo. Die Häuser in der kolonialen Altstadt sind bezaubernd, doch renovierungsbedürftig. Das Land feiert seine Entdeckung durch Christoph Columbus. In „Quintocentenario" hat sich das Intercontinental Hotel umbenannt, was soviel heißt wie „fünfhundertjähriges Jubiläum". In der Sylvesternacht begießen wir mit anderen Dominikanern den Jahreswechsel. An großen Tischen sitzen sie und bestellen Whiskey-Flaschen für den Tisch. Whiskey, nicht Rum, wohlgemerkt, denn der gilt im Inselstaat als ultimatives Statussymbol. Und dann beginnt das Musikprogramm. Zehn junge Frauen in roten Glitzerhotpants und hochtoupierten Haaren betreten die Bühne. Der Raum beginnt zu toben. Las Chicas del Can sind die berühmteste Merengue-Frauenband des Landes. Sie singen, trompeten, posaunen und trommeln, was das Zeug hält und schwingen dabei ihr Hinterteil im Zweivierteltakt. Die Zuschauer auf der Tanzfläche stehen ihnen in nichts nach: Sie wirbeln eng umschlungen durch den Saal und folgen nur dem Rhythmus der Guïra, jenem Metallzylinder mit der rauen Oberfläche und den vielen Ausbuchtungen, auf dem sie einen Eisenbesen im tá-tara-tata-Takt

Eine Statue von Christoph Columbus steht im Zentrum der Altstadt von Santo Domingo. Seinen Namen sprechen manche Bewohner der Insel jedoch nicht aus. Angeblich ist er ein Fukú-Fluch und bringt Unglück.

rapide auf und ab bewegen. Und da wir es hier nicht mehr mit der Landbevölkerung, sondern mit der distinguierten Schicht zu tun haben, spielen auch international bekannte Bands wie Los Hermanos Rosario und Wilfrido Vargas ein paar Salsa-Nummern. Happy Quintocentenario!

Fazit der ersten, oberflächlichen Begegnung mit dem Land: Ich habe ungewöhnlich freundliche Leute kennengelernt, die mich mit „mi amor" und „mi vida" ansprechen und mich in ihrem Leben willkommen heißen. Für mich ist die Dominikanische Republik ein Land der Tanzpartner, denn Musik spielt allerorts und es wird keine Gelegenheit verpasst, sich nicht im Rhythmus zu wiegen. In diesem Land werden die Dinge auch nicht so streng betrachtet. Wie meine Erfahrung mit Rubia gezeigt hat, bieten die Leute gerne ihre Hilfe an. Wenn sich dann nicht alles nach Planung ergibt, findet sich eben ein anderer Weg.

Aus der Dominikanischen Republik nehme ich aber auch das Buch „Wie die Garcia Girls ihren Akzent verloren" von Julia Alvarez mit. Wie mein Boyfriend unterrichtet sie an einem Elite-College in den Vereinigten Staaten. Durch Julias Roman über vier Schwestern, die 1960 als Kinder mit ihren Eltern von der Insel flüchten mussten, erfahre ich mehr über die Geschichte des Landes. Über die 31-jährige Diktatur Rafael Trujillos, der mit seiner Stasi-ähnlichen Geheimpolizei das Land in Angst und Schrecken versetzte. Über die Klassenunterschiede zwischen einer Oberschicht mit hellerer Hautfarbe und den dunkleren Bediensteten, die in ihrem privaten Bereich noch alte afrikanische Gottheiten verehren. Über Legenden von nymphenartigen Wesen wie die Ciguapas, deren Füße in die verkehrte Richtung gewachsen sind und die sich in den Inselwäldern daher leicht vor Menschen verstecken können. Über die Vieja Belén, eine alte Frau, die armen Kindern nach Weihnachten noch Geschenke bringt. Und über den Cucú, einen mysteriösen Mann, der Kinder holt, wenn sie nicht ihre Mahlzeiten aufessen. Auch den „hairs & nails"-Kult beschreibt Julia Alvarez im Detail. Unzählige Frauen legen auf die Pflege und den Look ihrer Haare und Fingernägel besonderen Wert, um damit der Männerwelt

zu gefallen. Tiguere wird der dominikanische Macho genannt. Er ist zwar sexy, hat es jedoch faustdick hinter den Ohren. Und würde im Vergleich zu seinen brasilianischen oder argentinischen Kollegen niemals im Leben mit langen Haaren daherkommen.
Ganz besonders geht Julia Alvarez auf die Tradition der „Quinceañera" ein. Wenn ein Mädchen fünfzehn Jahre alt wird, dann wird für sie ein großes Fest veranstaltet. Oft kommen mehr als 100 Gäste in ein Lokal, um dem in Prinzessinnenkleid und mit Krone aufgeputzten Mädchen zu huldigen. In einer manchmal von einem Priester begleiteten Zeremonie versprechen die Mädchen dann ihren Vätern, bis zur Hochzeit Jungfrauen zu bleiben. Da sich Mädchen jedoch zunehmend wie Paris Hilton stylen, ergibt sich eine interessante visuelle und geistige Diskrepanz.

Las Mariposas

Schwestern stehen auch im Mittelpunkt des Romans „Die Zeit der Schmetterlinge". Minerva, Patria und Maria Teresa Mirabal leisteten dem Trujillo-Regime in den Fünfzigerjahren Widerstand. Julia Alvarez beschreibt ihr Leben, ihren Kampf und ihre als Unfall getarnte Ermordung so eindringlich, dass ich das Buch nicht weglegen kann. Als „Mariposas", Schmetterlinge, waren sie im Untergrund bekannt und ihr Tod brachte das Fass schließlich zum Überlaufen. Ein halbes Jahr nach dem auf sie verübten Attentat am 25. November 1960 wurde der Diktator schließlich selbst in einem Hinterhalt erschossen.
Dedé und Minou Mirabal, die letzte lebende Schwester und die Tochter der Mariposas, halten 2005 schließlich in meinem amerikanischen Heimatort, den ich mit Julia Alvarez teile, eine Rede. Viel hat sich im Land geändert, erzählen sie. Joaquín Balaguer, der auf Trujillo folgende Diktator, schied 1996 aus dem Amt. Minou ist Senatorin geworden und setzt den so brutal unterbrochenen politischen Weg ihrer Mutter fort. Die Mirabal-Schwestern lächeln vom 200-Peso-Schein. In Santo Domingo ziert ihr Antlitz auch einen Obelisken, der ursprünglich für Trujillo errichtet wurde. Der 25. November wurde überdies von den Vereinten Nationen 1999 zum Internationalen Tag gegen Gewalt an Frauen erklärt.

Neue Zeiten

Im März 2011 erlebe ich im Flugzeug das bekannte Spiel. Kurz vor dem Landen fahren die Damen ihren Lippenstift und ihr Parfüm aus und machen sich für all jene Freunde und Verwandte hübsch, die beim Ausgang neugierig darauf warten, was Rubia, Hennesy, Belkis oder

Die Bahia de las Aguilas im gleichnamigen Naturpark ist der wohl am weitesten abgelegene Traumstrand in der Dominikanischen Republik. Er liegt im noch wenig besuchten Südwesten der Insel.

Merylan in ihren bis zum Platzen gefüllten Koffern mitgebracht haben. Im Duty-Free-Bordverkauf wurden schnell noch ein paar Flaschen Johnny Walker Red Label auf die Kreditkarte gesetzt. Und der Flugkapitän warnt vor der Landung mit einem verbalen Augenzwinkern: „Wir kommen jetzt gleich an. Vergessen Sie Ihr Gepäck, Ihren Fotoapparat und Ihren iPod nicht. Vergessen Sie auch Ihr Kind nicht. Und nehmen Sie aus Versehen kein anderes mit. Sonst müssen Sie nochmals zurückkommen. Und das Suchen dauert lang. Eines können wir Ihnen jedoch versprechen: Wenn Sie Dollars vergessen, dann finden wir die garantiert nicht."

„No a la violencia contra la mujer!" – „Nein zur Gewalt gegen Frauen", prangt es denn auch an einer Hauswand, als ich mit dem Taxi vom Flughafen nach Santo Domingo fahre. Bleibt nur zu hoffen, dass sich viele diesen Aufruf zu Herzen nehmen. Denn wie auch in anderen Ländern legt die in der Familie verübte Gewalt den Grundstein für jede Diktatur.

Santo Domingo hat sich verändert. Viele der Gebäude aus dem 17., 18. und 19. Jahrhundert wurden auf Hochglanz restauriert. Auf der Plaza de la Hispanidad haben schicke Restaurants aufgesperrt. Von hier genießt man die Sicht auf den Alcázar de Colón, ein hübsches Gebäude im maurischen Stil, in dem einst Diego Columbus, der Sohn des Entdeckers, als Regent zehn Jahre auf der Insel lebte. Gäste logieren in der Altstadt wie die Granden der Kolonialzeit. In die altehrwürdigen Gebäude sind feine Hotels eingezogen, das „Hostal Nicolás de Ovando" in die ehemalige Residenz des Gouverneurs, der noch vor Diego Columbus die Insel regierte. Er war auch für die Ausrottung der Taíno-Urbevölkerung verantwortlich.

Diesmal fahre ich landauf, landab. Aber nicht mehr mit dem Guagua-Bus, sondern in einem vollklimatisierten Auto. Die Straßen haben sich erheblich verbessert und von Santo Domingo wurde bis zur Halbinsel Samaná eine Autobahn gebaut. Jetzt flitzt man in drei Stunden hin. Vorbei geht es an Hunderten von Mopeds, das wohl bevorzugte Fortbewegungsmittel der Dominikaner. Obwohl erst vor ein paar Jahren die Sturzhelmpflicht eingeführt wurde, lieben es die Leute gefährlich. Der Fahrtwind umweht

ihre Ohren und Frauen haben es sich auf dem Sattel im Damensitz bequem gemacht. Zu dritt oder zu viert brausen sie dahin. Besonders mulmig wird mir, wenn sich Kinder an den Lenker klammern.
In den Dörfern scheinen die Uhren noch anders zu gehen. Vor den Colmados, den Tante-Emma-Läden, die als gesellschaftliches Zentrum so mancher Orte dienen, sitzen Männer auf Plastikstühlen und spielen Domino. Zack, zack, zack knallen sie die Steine auf den Tisch. Ein paar Zuschauer nuckeln genüsslich an einem eiskalten „Presidente", dem Nationalbier der Dominikanischen Republik. Sie checken keine Textnachrichten auf ihrem Handy. Einfach in der Gegend herum sehen und plaudern wollen sie.
Am Wochenende und am Abend treffen sich Männer und Jungs in knackigen Hosen zum Baseball-Match. Dieses Spiel wurde von den Amerikanern importiert, als sie die 50 000 Quadratkilometer große Republik von 1916 bis 1924 besetzten. Jetzt exportiert das Land seine größten Talente in die Staaten zurück. Sammy Sosa schlug zum Beispiel als erster im Ausland geborener Spieler in der amerikanischen Liga eine Rekordziffer von 500 „home runs".
In jedem Dorf findet sich auch zumindest eine Frau, die gerade mit Lockenwicklern durch die Gegend geht. Schön müssen die Haare für den Tanz am Abend sein. Auch im kleinsten Ort gibt es einen Frisörsalon. Dort sind oft noch uralte Trockenhauben und Brennscheren im Einsatz.

Öko-Paradiese

Die Dominikanische Republik hat sich als ein Land für Individualreisende entpuppt. Fernab vom Massentourismus haben viele nette Kleinhotels aufgesperrt, die abenteuerlustige Reisende begrüßen. Die Hauptstraße von Las Terrenas ist inzwischen asphaltiert und Boutiquehotels sind aus dem Boden geschossen. Obwohl der Ort zur „Party Town" avancierte, bleibt das Treiben überschaubar. Keine riesigen Hotelbunker durften hier hingebaut werden. Die Halbinsel Samaná will ihren Ruf als Öko-Paradies wahren. Beim Salto El Limón warten mehrere Tourveranstalter darauf, Gäste zum Wasserfall zu bringen. Zum Massenauftrieb ist der Ausflug jedoch noch nicht geworden. Nicht mehr als zwei Dutzend Besucher planschen gleichzeitig in der unverdorbenen Wasseroase.
Puerto Plata und Sosúa an der Nordküste gefielen mir 1992 nicht so sehr. Zuviele All-Inclusive-Hotels im postmodernen Stil drängten sich hier aneinander. Die sind zwar noch immer da, doch wurden die viktorianischen Gingerbread-Häuser mit ihrer filigranen Verzierung am Hauptplatz restauriert. Auch der Malecón, die

Die Marina des Luxusresorts Casa de Campo ist dem Riviera-Ort Portofino nachempfunden. Schicke Restaurants umrahmen die weitläufige Piazza. Im Jachthafen können bis zu 400 Boote vor Anker liegen.

Hafenpromenade, wurde verschönert. In der Palmenallee joggen die Einwohner der Stadt bis zur Festung San Felipe, auf der man seit 1577 eine wunderschöne Sicht auf den Atlantik genießt. Im Kulturleben der Stadt regt sich auch einiges. Der Künstler und politische Aktivist Jacinto Beard hat den Karneval der Stadt wiederbelebt. Beim Taimáscaro-Festival ziehen Tänzer in bunten Verkleidungen mit riesigen Papiermascheemasken durch die Straßen. In ihren Kostümen vereinen sich Elemente aus der Taíno-, der spanischen und der afrikanischen Kulturtradition. Und die Muscheln auf ihrem Gewand deuten darauf hin, dass sie aus Puerto Plata stammen. Bewegend ist auch das kleine jüdische Museum und die Holzsynagoge in Sosúa. Dort siedelten sich 1938 einige hundert deutsche und österreichische Juden an, nachdem Trujillo sie ins Land geholt hatte, um nach dem Massaker an 25 000 Haitianern sich wieder das Wohlwollen der internationalen Gemeinschaft zu sichern. Die meisten von ihnen waren Geistesarbeiter oder Handwerkermeister, verwandelten sich aber in Bauern und betrieben eine erfolgreiche Landwirtschaftskooperative.

Duft von Pinien und Kaffee

Die Schriftstellerin Julia Alvarez hat die Erlöse aus ihren Romanen einstweilen in eine Biokaffeeplantage in den „Dominikanischen Alpen“ fließen lassen. Die Farm Altagracia ist über Jarabacoa 800 Meter über dem Meeresspiegel gelegen. Fast mitteleuropäisch fühlt sich das Klima hier an. Der Duft von Pinien durchzieht die Gegend. Auch Erdbeeren gedeihen hier gut. Die Plantage Altagracia ernährt ein ganzes Dorf. Und da einige Bewohner des Lesens und Schreibens nicht mächtig sind, hat Julia Alvarez eine Bibliothek eingerichtet. Ihre Volontäre lehren hier Kindern und Erwachsenen das Alphabet. Auch das ganze Land hat eine Initiative erfasst: In Demonstrationen wird gefordert, dass vier Prozent des Bruttonationalproduktes in das Schulwesen investiert wird.

In Salcedo im fruchtbaren Cibao-Tal wurde ein Museum für die Mirabal-Schwestern eröffnet. Jeden Sonntag begrüßt Dedé Mirabal selbst die Gäste und erzählt von ihren Schwestern. Ein Gang durch das Haus, in dem die Frauen

Wie an der Riviera schlängelt sich eine Straße an der Südwestküste entlang. In La Ciénaga ist der Strand besonders schön.

zuletzt gewohnt haben, greift ans Herz. Schicke Kleider aus den Fünfzigerjahren hängen hier in den Kästen. Die Schwestern haben sie nach Modellen aus Paris noch selbst genäht. Im Garten spielt ein hübsches kleines Mädchen mit rosa Schleifen im Haar. Dedé hat sie bei sich auf der Kakaoplantage aufgenommen, da ihre junge Mutter keine Hand für sie hatte. Nachdem sie die ganze Kinderschar ihrer Schwestern groß gezogen hat, ist das für sie ganz normal.

Die Zahl der Nationalparks ist im letzten Jahrzehnt auf sechzehn gestiegen. Sie befinden sich in ganz unterschiedlichen Landschaften. Der Parque Nacional Jaragua an der Südwestküste beherbergt Mangrovenwälder und 300 Orchideenarten. Im Parque Nacional del Este an der Südostküste gedeihen 110 verschiedene Vogel- und Delphinarten. Der Parque Nacional Armando Bermúdez umgibt wiederum den Pico Duarte, mit 3098 Metern der höchste Gipfel der Karibik. In höheren Lagen kann die Temperatur im Dezember und Januar auch schon Mal auf minus 8 Grad Celsius fallen. Die meisten Reisenden schaffen es dann doch nicht bis zur Spitze. Sie wandern lieber durch den tropischen Regenwald am Fuß des Berges, in dem die Papageien fröhlich vor sich hin zwitschern.

Als die Conquistadores die Dominikanische Republik entdeckten, machten sie sich auf die Suche nach dem Eldorado. Was sie jedoch fanden, war ein Sonnenparadies. Die Bewohner der Insel spinnen ihre Strahlen jetzt zu Gold.

Seite 22/23:
Cabarete an der Nordküste gilt als ein Surferparadies. Wind- und Kitesurfer finden hier über vier Kilometer perfekte Konditionen vor. Auch Meisterschaften werden hier abgehalten.

Seite 24/25:
Urlauben wie Robinson: Eine kleine Insel liegt vor dem Hotel Villa Serena in Las Galeras auf der Halbinsel Samaná. Mit dem Boot ist sie leicht zu erreichen.

Von der Bernsteinküste bis Samaná – der Norden

Die Playa Grande bei Río San Juan ist noch komplett unerschlossen. Besucher sollten sich hier jedoch vor Strömungen in Acht nehmen. Falls sie von einer erfasst werden, sollten sie parallel zum Strand schwimmen.

Als Bernsteinküste wird der Norden der Dominikanischen Republik oft bezeichnet, finden sich hier doch reiche Vorkommen an diesen fossilen Harzen. Golden glänzt hier jedoch nicht nur der Bernstein von den Bauchläden der Strandverkäufer. Die Küstenorte Puerto Plata und Sosúa gelten seit zwei Jahrzehnten als Eldorado unter Sonnenhungrigen. Cabarete gehört den Wind- und Kitesurfern: Wenn sich der Passatwind um die Mittagszeit auftut, gibt es auf der Welt fast keinen besseren Platz, um auf den Wellen dahinzugleiten.

Die Halbinsel Samaná im Osten der Dominikanischen Republik ist für ihre üppige Vegetation und traumhaften Strände bekannt. Individualreisende entdeckten das Fischerdorf Las Terrenas vor ungefähr einem Jahrzehnt. Während dort die Öko-Lodges aus dem Boden schossen, blieb das Dörfchen Las Galeras am äußersten Ende der Insel weitgehend unberührt. Besucher tuckern hier mit dem Boot zu den unberührten Palmenstränden Playa Rincón, Playa Frontón und Playa Madama. Von November bis März erwartet Reisende ein besonderes Spektakel. Dann kommen die Buckelwale in die Bucht von Samaná, um sich zu paaren oder ihre bis zu zwei Tonnen schweren Babys zur Welt zu bringen. Abenteuerlustige schlagen sich in die Wälder. Auf einem Pferd geht es zum 52 Meter hohen Wasserfall Salto El Limón, in dessen riesigem, kristallklarem Becken man genüsslich seine Runden ziehen kann.

Naturliebhaber wagen sich auch zum Inneren der Insel vor. Durch das Städtchen Jarabacoa auf der Cordillera-Central-Bergkette sprudelt der Río Yaque del Norte. Besonders Mutige stürzen sich hier in ihren Weißwasser-Rafting-Booten hinab. Auch den höchsten Berg der Karibik gilt es hier zu bezwingen. Der Pico Duarte reckt sich stolze 3098 Meter in die Luft.

40

Linke Seite:
Im Stadtzentrum von Puerto Plata stehen viktorianische Gingerbread-Häuser aus dem 19. Jahrhundert. Sie wurden in den letzten Jahren restauriert und in bunten Farben gestrichen.

Tomaten, Auberginen, Zitronen, Bananen: An den Fruchtständen der Dominikanischen Republik wird alles mit einem Lächeln verkauft.

Wer an Eifersucht leidet oder in der Lotterie gewinnen will, sollte sich ein Amulett in einer Botanica kaufen.

Oben:
Der Hafen von Puerto Plata wurde im 16. Jahrhundert für den Sklavenhandel benutzt sowie von Piraten heimgesucht. Hier findet sich auch die einzige Seilbahn der Karibik. Sie führt auf den 779 Meter hohen Berg Pico Isabel de Torres.

Rechts:
Im Zentrum von Puerto Plata hat auch eine österreichische Konditorei aufgemacht. Hier wird sehr guter Apfelstrudel sowie Sachertorte serviert.

Oben:
Die Fortaleza San Felipe stammt aus dem Jahr 1577. Sie ist eine der am besten erhaltenen Festungen auf der ganzen Insel.

Links:
Während der Trujillo-Diktatur wurden die Ehemänner der Mirabal-Schwestern in dieser Festung eingesperrt. Nachdem die Schwestern von Trujillos Schergen 1960 ermordet wurden, fand die Tyrannei ein halbes Jahr später ein gewaltsames Ende.

POPUL

Linke Seite:
Statuen für die Helden der dominikanischen Unabhängigkeit prangen am Hauptplatz von Puerto Plata. Gründungsvater Juan Pablo Duarte war in der Festung San Felipe sogar inhaftiert.

Als Malecón wird die Hafenpromenade in der Spanisch sprechenden Karibik bezeichnet. In Puerto Plata ist sie besonders nett. Die Bewohner der Stadt joggen hier oder gehen einfach spazieren.

Im Surferparadies Cabarete ist es nie weit vom Wasser zum nächsten Café. Die Bewohner des Ortes gehen einem sehr lässigen Lebensstil nach.

Seite 34/35:
Kite-Surfer in Cabarete: Da ständig ein Passatwind von 10 bis 30 Knoten weht, fühlen sich die Wellenreiter hier wohl. Die Wellenbrecherriffs sind weit genug draußen, so dass sowohl Anfänger wie auch Fortgeschrittene ihre Technik üben können.

EZZY

Rechts:
Wie ein Vogel erhebt sich der Kite-Surfer aus dem Sand. Bald fliegt er über die Wellen hinweg.

Unten:
Wind- und Kite-Surfer teilen sich den Strand von Cabarete auf. Sie halten sich großteils an ihren Bereich.

Oben:
Auch hübsche Mädchen haben sich dem Wassersport verschrieben.

Ganz links:
Mit einem Lehrer gehen die ersten Versuche leichter von der Hand. Oberarmmuskeln braucht man allemal.

Links:
Wer kein eigenes Brett mitbringt, kann sich in Cabarete eines ausborgen.

Links und unten:
Das Hinterland von Puerto Plata: Über grüne Felder und Berge geht es ins fruchtbare Cibao-Tal. Kaffee, Kakao, Bohnen, Obst und Gemüse werden hier angebaut.

Ganz unten:
Drei Nationalparks befinden sich im Cibao-Tal. Die Region liefert auch neunzig Prozent des Süßwassers und dreißig Prozent der Elektrizität des Landes.

Rechts:
In Manabao bei Jarabacoa hat die Schriftstellerin Julia Alvarez eine Bio-Kaffeeplantage eingerichtet. Während Dorfbewohner dort zu fairen Löhnen arbeiten, werden ihre Kinder in der eigens eingerichteten Bibliothek zum Lesen inspiriert.

Ganz rechts:
Viele Hände tragen dazu bei, den Biokaffee Altagracia zu ernten.

Rechts:
Noch auf Pferden bewegen sich die Arbeiter auf der Kaffeefarm Altagracia fort.

Ganz rechts:
Stolz wie ein Gockel präsentiert sich dieser Arbeiter auf Altagracia.

Rechte Seite:
Bevor die Kaffeeplantage Altagracia in Angriff genommen wurde, war das Land abgeholzt. Jetzt wird hier nachhaltig angebaut. Die Arbeiter sind stolz auf ihre Farm.

Links:
All jene, die nur im Ferien-Resort bleiben, lernen niemals die beeindruckende Natur im Landesinneren kennen, hier in der Nähe von Manabao.

Unten:
Der Salto Jimenoa Dos ist über ein Netz von Hängebrücken zu erreichen. Wenn diese unter den Füßen schwanken, fühlen sich Besucher wie Indiana Jones.

Oben:
Im Museum der Mirabal-Schwestern in Salcedo wird das Andenken an die drei Widerstandskämpferinnen gegen das Trujillo-Regime wachgehalten. Das Museum ist im letzten Wohnhaus der Heldinnen angesiedelt.

Rechts:
Ein Schmetterling steht für den Decknamen, der Minerva, Patria und Maria Teresa Mirabal im Untergrund gegeben wurde.

Oben:
Dieser Künstler verkauft seine Werke in Las Terrenas. Sie bringen die tropische Farbwelt in den Raum.

Links:
Fische, Blumen, Palmen – die dominikanische Kunst ist von der tropischen Natur inspiriert.

Unten:
Arepa-Maiskuchen werden auf der Straße nach Jarabacoa verkauft. Sie bestehen aus einem süßen, mit Rosinen und Gewürzen verfeinerten Teig.

Rechts:
Wer in die Dominikanische Republik fährt, muss Obst lieben.

Rechts Mitte:
Diese Dame verkauft einfache handwerkliche Erzeugnisse im Museo Hermanas Mirabal in Salcedo.

Rechts:
Ein Colmado ist ein Tante-Emma-Laden, in dem man sich auch zum Tratschen trifft.

Links:
Bilder und von Hand gefertigte Lampenschirme finden sich in dem Geschäft Casa de mi Tierra in Cabrera.

Links Mitte:
Die Dominikanische Republik ist für ihre Mangos bekannt. Besonders die kleine Variante ist unbeschreiblich süß.

Unten:
Dieser Obstverkäufer an der Autobahn lässt den Herrgott einen guten Mann sein.

Links:
In dieser Autobahnraststätte auf der Carretera Duarte wird gut aufgekocht. Besucher sollten sich hier Reis, Bohnen und Kürbis bestellen.

Oben:
Die Playa Grande an der Nordküste ist noch komplett unerschlossen. Hier kann man kilometerlang am Strand spazieren, ohne einer Menschenseele zu begegnen.

Rechts:
Dieser Verkäufer bietet Ketten aus Bernstein und Larimar in seinem Bauchladen an. Er ist weit gereist: Neben Spanisch spricht er auch Englisch und Französisch.

Links:
Kunsthandwerkliche Gegenstände finden sich in der Dominikanischen Republik zuhauf. Viele der Bilder werden jedoch von Haitianern gemalt. Haiti hat eine lange künstlerische Tradition.

Linke Seite:
Ins Hotel Alisei in Las Terrenas haben sich Privatpersonen eingekauft. Sind sie gerade nicht da, werden ihre geräumigen Apartments vermietet.

Das Peninsula House befindet sich inmitten von Luxusvillen auf der Playa Coson. Da es sich 20 Minuten außerhalb des Zentrums befindet, besuchen nicht so viele Reisende diesen Strand.

Die Casa Colonial auf der Playa Dorada vor Puerto Plata ist einer historischen Villa nachempfunden. Zum Hotel gehört auch das luxuriöse Bagua Spa.

Klein, aber fein – stilvolle Residenzen

Reich und schön trifft sich in der Dominikanischen Republik schon seit Beginn der Siebzigerjahre. Damals eröffnete Casa de Campo bei La Romana an der Südostküste. Der amerikanische Gulf & Western Konzern hatte bei seiner Zuckerfabrik in dieser trockenen Region 1971 einen Golfplatz aus dem Boden stampfen lassen. Der weltbekannte Designer Peter Dye gestaltete den Platz. „Dientes del perro“, Hundezähne, nannten die 300 Arbeiter die Korallenfelsen, die sie mit Spitzhacke und Vorschlaghammer entfernten. Der „Teeth of the Dog“ wird aufgrund ihrer Bemühungen heutzutage als bester Platz in der Karibik gehandelt und rangiert international an 43. Stelle. Golfer spielen sieben Löcher genau über dem karibischen Meer an. Wenn die Wellen auf die steilen Felsen prallen, dann müssen die Sportler genau den Seitenwind berechnen, um das nächste Handicap zu bewältigen. Die Fama dieses Golf Resorts verbreitete sich in Windeseile. Modezar Oscar de la Renta gestaltete 1974 ein Hotel und einheimische und ausländische Millionäre siedelten sich in Villen auf dem 28 Quadratkilometer großen Areal an. In der vor Kurzem renovierten Marina können bis zu 400 Jachten ankern. In der Hügellandschaft über dem Chavón-Fluss wurde ein mittelalterliches Dorf mit Restaurants und Kunsthandwerksgeschäften angelegt, das in Italien nicht schmucker sein könnte. Sein Amphitheater im griechisch-römischen Stil eröffnete 1982 niemand Geringerer als Frank Sinatra.

Die Hotelanlage und der Spa-Bereich erhielten in jüngster Zeit ebenfalls ein Facelift. Elegant in Braun- und Beigetönen ist das Ambiente gehalten. Und obwohl mein Chefredakteur Superlative gar nicht mag, muss es an dieser Stelle gesagt werden: In Casa de Campo befindet sich das wohl beste Restaurant in der Dominikanischen Republik: Der Beach Club by Le Cirque auf dem privaten Strand von Minitas untersteht dem Kommando des New Yorker Restaurantimpresarios Sirio Maccioni. Küchenchef Filippo Fondatori serviert hier Kalbsmedaillons mit baskischer Pfeffersauce, Purpurkartoffeln und Brie- und Mandel-Pangrattato sowie Seebrasse mit kandierten Früchten, Guacamole und Vanilleöl.

Nördlich von Punta Cana an der Ostküste liegt Uvero Alto. Während sich in dem allseits bekannten Ort viele große All-Inclusive-Hotels angesiedelt haben, gilt Uvero Alto als Boutique-Destination. Nur 55 weitläufige Suiten mit direktem Blick auf das Meer umfasst das Sivory Hotel. Gäste beobachten hier den Sonnenuntergang von ihrem eigenen Pool auf der Terrasse. Genauso wie im benachbarten Zoetry Wellness & Spa Resort hat man für das Design in Bali kreative Anleihen genommen. So bedeckt die Lobby ein riesiges Palapa-Strohdach.

Die Gegend um Puerto Plata und Sosúa war früher ebenfalls für ihren Massentourismus bekannt. Die Casa Colonial ist einem alten Herrenhaus nachempfunden. Die Gästezimmer sind um Arkadenhöfe mit hübschen Säulen angelegt und in kühlendem Weiß gehalten. Imposant, aber dann doch wieder familiär gibt sich die mit Marmor verkleidete Lobby. In der Mitte steht eine Bar mit einer bronzefarbenen Kaffeemaschine, die untertags oft zum Einsatz kommt. Das Nonplusultra des Hotels ist jedoch sein Infinity-Pool auf dem Dach. Vor dem Pool sprudeln drei Jacuzzis vor sich hin, in denen sechs Personen leicht Platz finden.

Im Einklang mit der Natur

Die Schiffino-Rechtsanwaltsfamilie baute sich Anfang der Siebzigerjahre eine Villa in die Berge auf der Pedernales-Halbinsel an der Südwestküste. Die Mitglieder hatten zuvor mit der örtlichen Bevölkerung Kontakt aufgenommen, um ihr Ferienheim im Einklang mit der Gemeinde und der tropischen Natur zu gestalten. Dreißig Jahre später ist aus dieser Villa ein kleines, feines Hotel mit nur 12 Suiten geworden. Gäste blicken von ihren Balkonen auf das Meer sowie auf die üppige Vegetation oder lassen sich an den Pool einen Mojito mit Kräutern aus dem Hotelgarten servieren. Nachdem sie auf einer Zip-Line 45 Minuten durch die Wälder zischten, entspannen sie sich auf einer offenen Cabaña am Flussrand. Bei Kerzenschein werden sie mit Ölen massiert, die mit Pflanzenessenzen aus dem tropischen Wald verfeinert wurden. Für die Gäste nur das Beste!

Links:
Der Infinity Pool des Hotels Sivory scheint nahtlos ins Meer überzugehen.

Oben:
Die Open-Air-Lobby der Tropical Lodge Casa Bonita wird von einer leichten Brise durchzogen. Im stilvollen Ambiente fühlen Gäste sich bei einem Basilikum-Mojito wohl.

__Kleine Bilder rechts, von oben nach unten:__ Bungalows des Sivory Hotels in Uvero Alto umfassen zwei Apartments. Von ihrem Balkon genießen Gäste eine herrliche Sicht auf das Meer.

Die Masseurinnen der Casa Bonita kneten ihre Kunden in einem tropischen Wald am Rande eines Bachs durch. Für die Massage werden dort gedeihende Pflanzen verwendet.

Das Palapa-Dach des Hotels Zoetry bedeckt die offene Lobby. Hier kommt man sich fast wie in Bali vor.

Gediegen gestylt ist die Marina des Luxusresorts Casa de Campo. Besucher, die sich nicht im Hotel oder einer der Villen aufhalten, können ebenfalls in einem der hübschen Restaurants einen Tisch reservieren.

Oben:
Auch Reis wird in der Dominikanischen Republik angebaut. Schließlich gehört er ja zu den Grundnahrungsmitteln.

Rechts:
Dieser Kaktus blüht im Nationalpark von Bahia de las Aguilas im Südwesten des Landes. Hier gehen wüstenähnliche Landstriche nahtlos in tropische Wälder über.

Oben:
Diesen traumhaften Ausblick genießen Reisende von einer Anhöhe auf die Halbinsel Samaná.

Ganz links oben:
Ganz grün sprießt die Kaffeebohne auf der Bioplantage Altagracia noch.

Ganz links unten:
Papayas werden in der Dominikanischen Republik Lechosa genannt. Zum Frühstück schmecken sie mit Müsli besonders gut.

Links:
Obwohl sie noch grün sind, verbreiten diese Mangos schon einen wunderbaren Duft.

Oben:
So einsam kann Las Terrenas an manchen Strandabschnitten noch sein. Das einstige Fischerdörfchen ist im letzten Jahrzehnt zur Top-Destination auf der Halbinsel Samaná avanciert.

Rechts:
Auch ein blauer Süßwassersee findet sich auf der Halbinsel Samaná. Er ist umrahmt von steilen Felswänden.

Oben:
Hoch schlagen die Wellen im Surferparadies Cabarate. Auf ihnen zu reiten, ist ein Genuss.

Links:
La Esperanza – die Hoffnung – haben Fischer in Las Terrenas ihr Boot getauft. Sie fahren damit auf den Ozean hinaus, um allerlei Meeresfrüchte aus dem Wasser zu ziehen.

Seite 58/59:
Die dominikanische Fahne weht über dem Strand von Las Terrenas.

Unten:
Wo soll sich das Auge hinwenden? Die Künstlerbude von Las Terrenas strotzt vor visuellen Anreizen.

Rechts oben:
Einheimische Mädchen entspannen sich im Schatten einer Palme von Las Terrenas.

Rechts Mitte:
Dominikaner lernen gerne Fremde kennen. Für einen Tratsch findet sich immer Zeit.

Rechts unten:
Den drei Mädchen schmecken ihre Kekse.

Sonnenuntergang am Hotel Villa Serena im Fischerdorf Las Galeras: Urlaub wie in Italien in den Fünfzigerjahren.

Von Santo Domingo in urwüchsige Nationalparks – der Süden

Reisende, die früh aufstehen, erleben in Punta Cana herrliche, einsame Sonnenaufgänge an einem endlos langen Strand.

Reisende gewinnen oft ihren ersten Eindruck von der Dominikanischen Republik, wenn sie an der karibischen Südküste in der Hauptstadt Santo Domingo landen. Sie wandern durch die von der UNESCO zum Weltkulturerbe erklärte koloniale Altstadt, vorbei an Häusern aus dem 16. Jahrhundert, um deren Innenhöfe sich rosarote Bougainvilleen-Sträucher ranken. Die Metropole des fast 50 000 Quadratkilometer großen Inselstaates kann sich einiger Rekorde rühmen, ist sie doch die älteste noch bewohnte europäische Stadt in der Neuen Welt. Hier eröffneten das erste Krankenhaus sowie die erste Universität in der amerikanischen Sphäre.
Fährt man von hier Richtung Westen, gelangt man auf die Halbinsel Pedernales. Der Lago Enriquillo in den Bergen über der Steilküste liegt 39 Meter unter dem Meeresspiegel und ist somit der tiefste Punkt in der Karibik. Im Nationalpark dümpeln Krokodile und Flamingos vor sich hin. Vom tropischen Regenwald geht es über eine trockene Kakteenlandschaft zum wohl unberührtesten Strand der Karibik: Über acht Kilometer erstreckt sich die reinweiße, einsame Bahia de las Aguilas. In ihrem ruhigen, türkisblauen Meer schwimmt jeden Tag nur eine Handvoll Besucher, denn hier gelangen Reisende nur mit dem Fischerboot oder auf einer ungepflasterten Straße hin.
Im südöstlichen Teil der Insel liegen zwei weitere urtümliche Nationalparks. Im Parque del Este zwitschern 114 Vogelarten. Die Mangrovenwälder des Parque Los Haitises erkunden Besucher am besten auf einem Boot. Von hier ist es auch nicht mehr weit zu den unendlich langen Palmenstränden von Punta Cana und Uvero Alto. Ob in All-inclusive-Resorts oder Boutique-Hotels – Abschalten vom Alltag und Beach-Fun ist hier das Motto aller Urlauber.

Linke Seite:
Den Privatstrand Playa Vela Blanca auf der Insel Saona im Südosten des Landes erreicht man nur mit einem Boot. Die Insel ist dem Parque Nacional del Este vorgelagert.

Der Strand von Macao nördlich von Punta Cana wurde von der UNESCO zu einem der besten auf der ganzen Welt erklärt.

Schnorchler halten sich bevorzugt an der Playa Vela Blanca auf der Insel Saona auf. Bei einem Korallenriff offenbart sich ihnen die Fischwelt.

Rechts:
Die Dominikanische Republik anno dazumal: Im Künstlerstädtchen Altos de Chavón beim Luxusresort Casa de Campo setzt sich ein Paar in historischen Kostümen malerisch in Szene.

Unten:
Auf dem Río Chavón filmte Francis Ford Coppola einst Szenen für seinen Film Apocalypse Now.

Oben:
Manche mögen es reich: Eine Luxusvilla über dem Río de Chavón im Luxusresort Casa de Campo.

Links:
Einem mittelalterlichen italienischen Dorf ist Altos de Chavón nachempfunden. Hier hat die renommierte New Yorker Parsons School of Design auch einen Campus eingerichtet.

Seite 70/71:
Auf der Insel Saona. Türkisblaues Meer, Palmen, weißer Strand: Herz, was willst du mehr?

Links und unten:
Durch unberührte Natur fahren Reisende, wenn sie sich von Santo Domingo im Südwesten nach Barahona aufmachen. Saftige Hügel sind in der Dominikanischen Republik keine Seltenheit.

Ganz unten:
Von der Montaña Redonda im Südwesten des Landes genießt man einen herrlichen Blick aufs Meer.

Nicht nur Strand – Dominikanische Naturparadiese

Viele verschiedene wohlriechende Aromen verbreiten sich aus dem Wellblechladen in Puerto Platas Mercado Modelo. „Botanica" steht über dem Eingang. Auf den Regalen stapeln sich Heiligenfiguren aus Plastik, Kerzen, unzählige Säckchen mit Kräutern und jede Menge Amulette. „Botanicas" werden von Anhängern der afrodominikanischen Religion Vudú aufgesucht. Hier versorgen sie sich mit all jenen Sachen, die sie für ihre Zeremonien brauchen. Reisende, die das Land intensiver erkunden, stoßen auf solche „Botanicas". Sprechen sie ein paar Brocken Spanisch, dann erfahren sie auch mehr über die Religion und ihre Gottheiten, die gar nichts mit stereotypen Hollywood-Darstellungen von schwarzer Magie zu tun haben.
So lernen sie zum Beispiel, dass die venusartige Göttin Oshún über Flüsse und Wasserfälle regiert. Dies inspiriert sie vielleicht, diese selbst im Landesinneren zu besuchen. Der Ort, der sich dafür am besten eignet ist Jarabacoa in der Cordillera Central, den „Dominikanischen Alpen". Das Städtchen ist auf 600 Höhenmetern am Fuße des Pico Duarte, des höchsten Berges der Karibik, gelegen. Hier treffen sich der Río Yaque del Norte und der Río Jimenoa. Sportler stürzen sich in diesen Flüssen gern in Schlauchbooten über weiße Wellen. All jene, die es gemütlicher haben wollen, schwimmen bei der „confluencia", dem Zusammenfluss, in den „balnearios", wie die ruhigen Flussbecken heißen. An die Flussgöttin Oshún zu glauben, mag schon etwas für sich haben: Frei fließende Gewässer laden den Körper angeblich mit negativen Ionen auf und bauen positive Ionen und freie Radikale ab, die durch Strahlungen von Hochspannungsleitungen, Fernsehgeräten und Computern entstehen.

Beeindruckende Wasserfälle

Als „Stadt des ewigen Frühlings" ist Jarabacoa bekannt. Hierhin ziehen sich reiche Dominikaner zurück, wenn die Hitze in den Sommermonaten zu drückend wird. Sie haben sich auf den Hängen hübsche Chalets bauen lassen und radeln auf ihren Mountainbikes auf den Berghängen herum. Besucher steigen im weitläufigen Ökohotel Gran Jimenoa ab. Es ist direkt an einem Seitenarm des Río Jimenoa gelegen und in seinem wunderschön gepflegten Garten findet sich auch ein kleiner Wasserfall. Wer jedoch große Wasserfälle liebt, hat in Jarabacoa die Qual der Wahl. Den Salto Baiguate erreicht man über ein Netzwerk von hängenden Brücken, die hin- und herschwanken, wenn man über sie drüberläuft. Aber keine Angst, auf beiden Seiten sind sie durch ein Netz abgesichert, damit Besuchern kein Indiana-Jones-Abenteuer passiert. Über sechzig Meter stürzt sich der Baiguate in die Tiefe. Besucher schwimmen in dem Naturbecken an ihn heran oder verstecken sich in einer Höhle vor ihm.
Über einen ziemlich steilen Weg erreichen Wandererfahrene den Salto Jimenoa Uno. Seine einsame Lage und seine 75 Meter beeindruckten auch Steven Spielberg. Er filmte hier eine Szene des Filmes „Jurassic Park". Reisende begeben sich in der Gegend um Jarabacoa auch auf eine Zeitreise. In den Bergbächen um das Dorf Manabao machen sie es den spanischen Conquistadores nach und suchen nach Gold. Die Trekker der Jarabacoa Gold Company führen sie zu Stellen im tropischen Wald, wo man sich sicher sein kann, zumindest eine Flocke zu finden.
Ein Vier-Stunden-Wanderweg führt bei El Mogote durch den Dschungel. Was man da sieht: Ebenholzbäume, Pflanzen mit harten Zacken, die Fliegen einfach in sich hineinschlingen, sowie wild wachsende Orchideen. Und am Ende der Wanderung erreicht man auch ein Salesianerkloster, in dem sich die Mönche ein Schweigegelübde auferlegt haben. Dies hält sie jedoch nicht davon ab, selbstgemachte Pasta zu verkaufen. Den Katholiken scheint es der Wald angetan zu haben: Auch ein Zisterzienserkloster findet sich hier in der Nähe. Ob Oshún oder Jesus Christus – die dominikanische Natur inspiriert Gottheiten aus verschiedenen Religionen.

Über die Bäche, Flüsse und Lagunen des Landes regiert angeblich die afrokaribische Göttin Oschún.

Frech blickt eine Krabbe im Nationalpark in die Kamera.

Links:
Es muss nicht immer Meer sein: Körper und Seele laben sich auch an einem der vielen Wasserfälle der Insel; hier Cascada El Limón.

Die Vogelwelt der Dominikanischen Republik beeindruckt Ornithologen. Zur Avifauna gehören 290 verschiedene Arten.

Immer wieder entdecken Reisende bunte Pflanzen mit ungewöhnlichen Blüten und Früchten.

Ganz links:
Von den 290 Vogelarten der Dominikanischen Republik sind 29 endemisch.

Oben:
Tabakernte im Cibao-Tal: Diese Blätter werden zu aromatischen Zigarren verarbeitet.

Rechts:
In der Fábrica de Puros in Higuey trocknen die Tabakblätter. Da in die USA keine kubanischen Zigarren eingeführt werden dürfen, greift man dort auf dominikanische zurück.

Oben:
So sieht Tabak in gepresster Form aus.

Links:
Im malerischen Städtchen Altos de Chavón rollt ein gut gelaunter Arbeiter eine Zigarre.

Für die beschwerliche Zuckerrohrernte werden hauptsächlich Haitianer eingestellt. Ihnen wird leider oft nur ein Bruchteil des Lohnes bezahlt, der ihnen für die harte Arbeit eigentlich zustehen würde.

Links:
Ochsen kommen bei der Zuckerrohrernte noch oft zum Einsatz.

Unten:
Die Zuckerrohrpflanze wurde auf der Dominikanischen Republik von den Kanaren eingeführt. 1516 eröffnete hier die erste Zuckerraffinerie in der Neuen Welt.

Rechts:
Die Bewohner des Dorfes Altagracia haben sich gemütlich in ihrem kärglichen Garten zusammengesetzt.

Unten:
Zwei Jungs ziehen mit ihrem Esel durch die Gegend. Welche Abenteuer sie wohl erleben?

Oben:
Pferde sind in das bäuerliche Leben von Altagracia noch integriert.

Links:
Vom Traumstrand zur Weide: Diese Wiese liegt nicht weit entfernt von Playa Macao bei Punta Cana.

Oben:
Die Bewohner von La Ceiba del Salado haben ihre Häuser in hübschen Farben gestrichen.

Rechts:
Einfach, aber hübsch haben sich die Bewohner von La Ceiba del Salado ihr Heim eingerichtet.

Ganz rechts:
Doña Bélgica Rodriguez kocht für ihre Lieben das Mittagsmahl. Siebzehn Kinder hat sie zur Welt gebracht.

Rechts:
Diese jungen Männer beziehen Sofas und Sessel neu.

Ganz rechts:
Der Frisör wartet auf Kundschaft. Er selbst trägt sein Haar lang. Für die Männer der Insel ist das eher ungewöhnlich.

Ganz links:
Kunstvoll gezimmert sind die Häuser von Otra Banda.

Links:
Ein freundliches Lächeln strahlt Reisenden des Öfteren aus einem Fenster entgegen.

Ganz links:
Zwei Mädchen vor einem Malstudio in Castro bei Punta Cana. Ungezwungen lächeln sie für die Kamera.

Links:
Eine nette Veranda in La Ceiba del Salado in der Provinz Altagracia: Hier entspannen sich Großmutter und Enkeltochter.

Unten:
Blau wie das Meer ist diese Küche gehalten. Wenn die Hausherrin nicht an den Strand kommt, erinnert sie die Farbe an schöne Stunden am Meer.

Oben:
Ein Segelboot bei einem Wrack vor dem Riu Palace Punta Cana Hotel.

Rechts:
Beach Buggys auf der Playa Macao: Obwohl der Strand noch nahezu unangetastet ist, kommen hier schon die Töff-Töffs hin.

Wo versteckt sich denn der Seestern? ...
Ah, gefunden! Musste nur kurz runtertauchen.

Linke Seite:
Dieser Leuchtturm steht auf der Playa Dominicus auf der Insel Saona. Von oben sind die Piraten leichter zu sichten.

Auch ein Strandverkäufer muss sich manchmal ausruhen: Auf der Playa Macao spenden Strohsonnenschirme Schatten.

Eine passende Kette findet sich für jeden Hals.

Linke Seite:
In San Rafael de Yuma steht ein befestigtes Haus aus dem Jahr 1506. Von hier aus führte Conquistador Ponce de Leon seine Eroberungsfeldzüge gegen die Taíno-Ureinwohner.

Das Museum Ponce de Leon ist mit Antiquitäten aus dem 16. Jahrhundert eingerichtet. Lanzen und Gewehre dürfen natürlich nicht fehlen.

Ob Ponce de Leon wohl in einem Geheimfach dieses Schreibtisches eine Landkarte zum Jungbrunnen in Florida versteckt hat?

Seite 90/91:
Im hübschen Innenhof des Hotels Francés im historischen Zentrum von Santo Domingo wird ein herrliches Frühstück serviert.

Kochbanane, Yucca, Rum – Kulinarische Verführungen

Selbst in der täglichen Kulinarik beweisen die Dominikaner Nationalstolz. Zu Mittag oder zum Abendessen essen sie die „bandera“, ihre weiß-rot-blaue Fahne. Weiß steht dabei für Reis, rot für Bohnen und blau – mit viel Fantasie – für Fleisch. Die Bewohner von Quisqueya, wie die Insel von den Taíno-Ureinwohnern genannt wurde, lieben es bodenständig. Großmutters Spezialitäten geraten nicht in Vergessenheit, sondern werden von Generation zu Generation weitergegeben. Das kreative Ausformulieren überlassen sie den Starköchen in der Diaspora, wie zum Beispiel Alex Ureña in New York.

Mangú, Mofongo und Mondongo

Mangú, Mofongo, Mondongo – solch exotische Namen zieren einige der grundlegendsten Gerichte der dominikanischen Küche. Ein urtümliches Frühstück beginnt mit Mangú, einem schmackhaften Kochbananenpüree, in das gebratene Zwiebeln und Käse gemischt werden. Heikle Esser sollten auf jeden Fall darauf achten, Mofongo nicht mit Modongo zu verwechseln. Ersteres ist ebenfalls ein Kochbananenpüree, in das knusprig gebratene Schweineschwarten gemischt werden. Manche Restaurants sind dazu übergegangen, es auch mit frisch gebratenen Krevetten anzubieten. Mondongo hingegen ist eine Kuttelsuppe, in der auch Kapern, Oliven, Paprika, bitterer Orangensaft und Kräuter schwimmen.

In Sancocho, die zweite Nationalsuppe, kommen verschiedene Fleischarten – Huhn, Rind, Schwein und auch oft Ziege – sowie Kürbis und fast alle Knollengewächse, die auf der Insel wachsen: süße und gelbe Kartoffeln, Kochbananen und Yucca. Letztere wurden bereits von den Taíno-Ureinwohnern angebaut. Sie gedeihen in Lateinamerika hervorragend. Man steckt einfach eine Knolle in den Boden und schon vermehren sie sich. Die ersten Kolonialherren exportierten die Yucca, die auch Kassava genannt wird, auch nach Afrika und Asien, wo sie heute ebenfalls als Grundnahrungsmittel dienen. Besonders lecker sind sie im frittierten Zustand mit einer würzigen Sauce.

Im Meer um die Dominikanische Republik tummeln sich viele Fisch- und Krustentierarten: Zackenbarsch (mero), Kabeljau (bacalao), Krevetten (gamba), Kammmuscheln (mejillones) und Tintenfisch (sépia). Sie werden im Restaurant auf vier verschiedene Arten zubereitet: al ajillo – in einer Knoblauchsauce, al horno – im Ofen mit Zitrone gebraten, al oregano – in einer Kräuter- und Sahnesauce und a la criolla – in einer würzigen Tomatensauce. Sehr oft findet sich lambí auf der Speisekarte, das Fleisch der Riesenmuschel. Im Dörfchen Juan Esteban im Südwesten der Insel sammelt die Schweizerin Susanne Knapp vom Hotel Casablanca wiederum die Rezepte der Bewohner der Meeresregion. Sie kochen ihre Fischspezialitäten in Kokosnusssauce in großen Tontöpfen, was ihnen eine besondere Note verleiht.

Die Dominikanische Republik ist auch für ihre wunderbaren Mangos bekannt. Das Land setzt zudem immer mehr auf biologischen Anbau, auch für Kaffee und Kakao. In kleinen Cafés genießen Besucher frisch gepresste Fruchtsäfte: Orangensaft (china), Ananas (piña), Papaya (lechoza) und Guava (guayaba). „Morir soñando“ – im Traum sterben – heißt ein besonderer Saft: Hier wird Orangenjuice mit Milch und Zucker gemischt.

Nach dem Zucker der Araber wurden Europäer erstmals während der Kreuzzüge süchtig. Christoph Columbus brachte einige Pflanzen auf seinem Schiff auf die von ihm als Hispaniola bezeichnete Insel mit. 1516 entstand bereits die erste Fabrik. Als Arbeiter den Zuckerrückstand Melasse einmal in der Sonne stehen ließen, begann dieser zu gären. Das daraus entstandene Getränk stieg ihnen sofort zu Kopf. So wurde der Rum geboren. In der Dominikanischen Republik geben drei „Bs“ in der Spirituosenbranche den Ton an: Barceló, Bermúdez und Brugal. Wie Wein lässt man Rum verschieden lang reifen: der weiße (blanco) hat den höchsten Alkoholgehalt und kommt vor allem in die Cocktails. Der gelbe (amarillo) entfaltet nach einem Jahr bereits sein besonderes Aroma. Der braune (añejo) trumpft ein paar Jahre danach voll mit allen Geschmackstönen auf: Karamell, Vanille, Gewürze und Eichenholz vermeint man da zu kosten. Als Verdauungsschnaps gerade das Richtige!

Links:
Bermúdez-Rum schmeckt nach Vanille und anderen Gewürzen.

Oben:
In einfachen Restaurants werden oft die schmackhaftesten Gerichte zubereitet. In Gesellschaft mundet das Essen gut.

Kleine Bilder rechts, von oben nach unten: *Küchenchef Filippo Fondatori lernte sein Handwerk in Le Cirque in New York. Jetzt serviert er seine köstlichen Kreationen im Beach Club by Le Cirque im Luxusresort Casa de Campo.*

Frittierte Kochbananen essen Dominikaner so gerne wie Amerikaner Fritten. Sie müssen jedoch noch eine grüne Schale aufweisen, damit man sie im Öl anbraten kann.

Im Nationalpark Bahia de las Aguilas serviert die Köchin das Fleisch der Riesenmuschel in würziger Tomatensauce. Die Spezialität heißt lambí a la criolla.

Gebratene Fische aßen schon die Taíno-Ureinwohner.

Vere languores nostros ipse tulit et dolores nostros ipse portavit

Linke Seite:
Die Catedral Primada de América in Santo Domingo ist die erste Kathedrale, die in der Neuen Welt errichtet wurde. Mit ihrem Bau wurde im Jahr 1512 begonnen. 1540 war sie fertig.

Die Fassade der Catedral Primada besteht aus Kalkstein und vereint sowohl gotische wie auch barocke Architekturelemente.

Fein ziselierte Kreuzrippengewölbe zieren das Innere der Kathedrale.

Unten:
Auch die Jesuiten sicherten sich in Santo Domingo ein Standbein.

Rechts:
Mitten im Wissenschaftszentrum von Santo Domingo wurde ein Heiligenschrein angebracht.

Rechte Seite:
Der Alcazár de Colón erstrahlt nach langen Jahren der Restaurierung wieder in neuem Glanz.

Im Alcazár de Colón in Santo Domingo residierte einst Diego Columbus mit seiner Frau Maria de Toledo, einer Nichte des spanischen Königs.

Der Gouverneurspalast von Diego Columbus wurde einwandfrei restauriert. Dieser hielt sich hier von 1509 bis 1518 auf.

Seite 100/101:
Auf der Plaza España von Santo Domingo gegenüber des Alcazár de Colón haben einige nette Restaurants aufgesperrt. Eines davon steht ganz im Zeichen von Piraten.

1505
RISTORANTE
21

MUSEO DEL
grilloBravo

Bachata und Merengue – mitreissende Rhythmen

MARC ANTHONY! CHAYANNE! SHAKIRA! prangt in Riesenlettern auf Postern über der Autobahn nach Santo Domingo. Wenn die Superstars der Latin Music ein Konzert geben, dann ist das Felix-Sanchez-Stadion ausverkauft. Musik gehört zum dominikanischen Lebensalltag und wenn sie hausgemacht ist, umso besser.

Es ist erstaunlich, welch unterschiedliche Musikstile Nord- und Südamerika sowie die Karibik durch eine Mischung von europäischen und afrikanischen Rhythmen und Melodien hervorbrachten. In der Dominikanischen Republik entwickelte sich in der Kolonialzeit zuallererst der Merengue. Angeblich entstand er, als versklavte afrikanische Menschen Plantagenbesitzer beim Polka- und Walzertanzen beobachteten. Deutschland spielte dabei eine wichtige Rolle: In der zweiten Hälfte des 19. Jahrhunderts importierte das Land große Tabakmengen aus dem fruchtbaren Cibao-Tal. Nebenbei verkauften die Händler Musikinstrumente aus ihrer Heimat, darunter auch Akkordeons.

Wie die Polka folgt der Merengue ebenfalls dem Zweivierteltakt. Der Rhythmus wird von der Guïra vorgegeben: Dieser Metallzylinder mit den kleinen Ausbuchtungen wurde wahrscheinlich ursprünglich in der Küche als Reibeisen benutzt. Des Weiteren kommen Tambora-Doppelfelltrommeln zum Einsatz. Diktator Rafael Trujillo setzte den Merengue zu Propagandazwecken ein. Um ihn wie eine amerikanische Big Band klingen zu lassen, befahl er seinen Staatsmusikern, Saxofone, Posaunen und Trompeten in ihre Kompositionen einzubinden. So begann der Merengue immer imposanter zu klingen. Getanzt wird Merengue mit gleichmäßigen Schritten nach vorne und hinten sowie zur Seite. Markant wird jedoch die Hüfte von einer Seite zur anderen geschoben. Damen werden wie beim Rock 'n Roll im Kreis gedreht.

Die Bachata war ursprünglich als Musik der Campesinos verpönt. Das Wort „Bachata" bezeichnet eine Party auf der Veranda eines Bauernhofes. Da sich die Landarbeiter keine so teuren Instrumente leisten konnten, kamen traditionellerweise eine Gitarre, die Guïra sowie Bongos zum Einsatz. Luíz Vargas stieg in den letzten zwei Jahrzehnten zum „König der Bachata" auf. Er führte auch Elektrogitarren in die ursprünglich auf dem kubanischen Bolero basierende Musik ein. Sie verleihen der Bachata ihren leiernden, melancholischen Klang. „Come-sopa (Suppenesser), passa-cantando (Faulenzer), der sich die Zeit mit Singen vertreibt, nannten mich Leute aus der Mittel- und Oberschicht, als ich mit der Musik anfing", erinnert sich Vargas. In seiner Musik brachte er anfangs seinen Ärger zum Ausdruck, von der „guten" Gesellschaft ausgegrenzt zu werden. Berühmt wurde er jedoch durch seine erotisch doppeldeutigen Lieder, zu denen sich Tanzpaare eng umschlungen im Takt wiegen.

Die Bachata wurde salonfähig, als der Latino-Superstar Juan Luíz Guerra 1992 sein Album „Bachata Rosa" auf den Markt brachte und dafür einen Grammy gewann. Der gleichnamige Hit klingt weniger rau und viel lyrischer als aus der Kehle eines normalen „Bachatero". Außerdem bringt Guerra noch World-Musik-Elemente wie einen südafrikanischen Chor und zairische Gitarrenspielweise in seine Musik ein.

Salsaton und Merenhouse

Im Zeitalter der Globalisierung kann sich kein Land vor musikalischen Einflüssen abschotten. Bachata wird mit Merengue zu Bachatarengue und mit Tango zu Bachatango gemischt. Auch Hip Hop hat vor der Dominikanischen Republik nicht Halt gemacht. Reggaeton-Künstler rappen zu dem typischen starken Dem Bow Beat. Auch Salsaton und Merenhouse hört man laut aus den Autos von jungen Dominikanern dröhnen. Zwei der interessantesten Künstlerinnen der letzten Jahre sind Rita Indiana und Maluca Mala. Letztere nimmt in ihrem Song „El Tigeraso" dominikanische Machos aufs Korn, die Frauen auf der Straße durch sexuelle Anspielungen belästigen. Sie spaziert mit Bierdosen als Lockenwicklern auf den Straßen von New York herum und rappt zum Sound des „Mambo violento", eines ganz schnellen Merengues. Ein neuer Stil mit einer sozialen Botschaft – der Kreativität sind keine Grenzen gesetzt.

Oben:
Die Ursprungsbesetzung einer Merengue-Band: Eine Guïra, ein Akkordeon und ein Tambor.

Links:
Ein tanzfreudiges Volk: Sowohl in Dorfkneipen wie auch im Luxushotel wiegen musikbegeisterte Menschen sich zum Rhythmus der Guïra.

Kleine Bilder rechts, von oben nach unten:
In Altos de Chavón finden Folkloretanzveranstaltungen statt.

Auch am Strand wird gesungen und getanzt.

Maracas als Perkussionsinstrumente spielen in der dominikanischen Musik eine große Rolle.

Musikensembles sind auch oft Gegenstand von Malereien.

Oben:
Am Ozama-Fluss in der Altstadt von Santo Domingo wurde vor Kurzem ein großer Jachthafen gebaut. Der Fluss verläuft über 148 Kilometer und teilt die Stadt in zwei Hälften.

Rechts:
Vom Fortaleza Ozama, der ältesten Festung in der Neuen Welt, genießt man einen schönen Blick auf den Fluss und die Jachten.

Links:
Auf ihrer Fahrt durch die Karibik machen solche Frachter oft im Hafen von Santo Domingo Halt.

Unten:
Eine Vielzahl von Handelsgütern wird über Santo Domingo verschifft.

Die Ozama-Festung liegt an einem steilen Flusshang und ist damit strategisch gut positioniert. Sie wurde im Jahr 1502 erbaut und diente als Ausgangspunkt für Eroberungen in Kuba, Kolumbien, Mexiko und Peru.

Das Hotel Francés befindet sich in Santo Domingo in der Calle las Mercedes, wo heute noch ein Kloster der Kapuzinermönche steht.

Rechte Seite: Das Hospital San Nicolás de Bari war das erste Krankenhaus in der Neuen Welt. Es wurde zwischen 1503 und 1508 erbaut. Im 19. Jahrhundert zerstörte es ein Erdbeben.

Rechts:
Das Café El Conde gilt als eine Institution in Santo Domingo. Auf seiner gemütlichen Terrasse haben schon Viele fröhliche Stunden bis zum Morgengrauen verbracht.

Unten:
Im Café El Conde werden auch schmackhafte Gerichte zu moderaten Preisen serviert.

Oben:
Im romantischen Parque Colón küssen sich dominikanische Paare im Schatten der Columbus-Statue.

Links:
Die Calle El Conde ist die Haupteinkaufsstraße im historischen Zentrum von Santo Domingo. Auf keinen Fall sollte man einen Besuch in der Eisdiele El Bon versäumen.

Seite 110/111:
Ein Devotionalienstand in Higuey auf dem Platz der Basilika Altagracia. An diesem Ort erschien im 16. Jahrhundert angeblich die Jungfrau Maria.

Republica Dominicana
Dios
Es
Amor

BASILICA DE HIGUEY
DE LA ALTAGRA
DEL PUEBLO DOMIN
RD
Oracion al Divino Niño Jesus
Virgen Santisima de la Altagracia, tù eres la luz que nos guia a través de nuestra existencia y es tu amor la dulce esencia que llevamos en nuestras almas, por eso te pedimos que nos ampare y nos Proteja.

In der Fußgängerzone von Santo Domingos historischer Altstadt frönen Männer dem Schachspiel.

Wie das Amen zum Gebet gehören Kiebitze zum Dominospiel. Sie sollten sich jedoch davor hüten, einen Kommentar abzugeben.

Rechte Seite:
Einkaufsvergnügen ohne Autolärm: Auf der Calle Conde in der Zona Colonial von Santo Domingo ist das möglich.

Hotel
30,000
12,000

Linke Seite:
In einem Innenhof aus dem Jahr 1502 machen es sich Gäste des Hostal Nicolás de Ovando gemütlich. Ein Designer empfand die modernen Einrichtungsgegenstände des Restaurants La Résidence mittelalterlichen Vorgaben nach.

Im Rum-Museum in der kolonialen Altstadt von Santo Domingo können verschiedene Arten und Marken des Zuckerrohrschnapses verkostet werden.

Die drei „Bs" – Bermúdez, Brugal und Barceló – geben im dominikanischen Rumgeschäft den Ton an.

Rechte Seite:
Weiß erstrahlen die Fassaden der Zona Colonial in der Sonne.

Hinter historischen Fassaden haben sich in der kolonialen Altstadt von Santo Domingo auch schicke Restaurants und Bars angesiedelt.

Kunstvoll gefertigte Laternen und Balkone zieren die Zona Colonial.

Seite 118/119:
Eine mechanische Waage kommt noch in einem Colmado-Supermarkt in der Stadt Baní zum Einsatz.

Museo de Amber
Amber Art Gallery

NESTOGEN 1
Famosa
TOMATO PASTE
NIDO
Mazola
orange
ComuniCard
CODETEL
Integral

HUGGIES
LA LEY

Rechts:
Kein harter Konkurrenzkampf herrscht beim Dominospiel vor. Stattdessen ist gute Laune angesagt.

Unten:
Schön geschlichtet hat der Lebensmittelhändler seine Waren im Colmado.

Oben:
Im Frisörsalon A Belly in Enriquillo werden selbst die krausesten Locken glatt gestylt.

Links:
Diese Verkäufer haben es sich gemütlich gemacht und warten bis Kunden vorbei kommen.

Oben:
Diese Jugendlichen von Los Patos haben eine Sammelaktion für ihren Karneval veranstaltet. Auf der Straße werden Autos einfach mit einer Schnur aufgehalten.

Rechts:
Auf dem Friedhof von Los Patos finden die Bewohner der Gegend ihre letzte Ruhe.

Seite 124/125:
Wie die Riviera in den Fünfzigerjahren mutet die Südwestküste der Dominikanischen Republik an. Über Bergstraßen gelangen Besucher hier zu Traumstränden. In den Bahoruco-Bergen können sie auch Larimar-Minen besichtigen. Diese blauen Pektolithsteine gibt es fast ausschließlich in der Dominikanischen Republik. Sie werden zu Schmuck verarbeitet.

Ganz links:
Mit einem hübschen Sonnenschirm schützt sich Jael vor der Hitze.

Links:
Mit ihren großen Lockenwicklern bereitet sich Joely auf den Samstagstanz vor.

Unten:
In Los Patos gehen die Uhren anders. Menschen setzen sich vor ihren Häusern zusammen und erzählen sich das Neueste.

Unten:
Die Bergkette von Bahoruco erstreckt sich über 70 Kilometer und schließt 1000 Quadratkilometer Land mit ein. Sie ist der östlichste Ausläufer eines mittelamerikanischen Gebirgsmassivs.

Ganz unten:
Wenn die Sonne heiß vom Himmel strahlt, können Benutzer der Zip-Line den Fahrtwind genießen. Höhenangst sollten Sportler allerdings nicht haben, denn stellenweise hängen sie 20 Meter über dem Boden.

Rechts:
In der Tropical Lodge Casa Bonita betätigen sich Besucher gerne sportlich. Auf einer Zip-Line rasen sie durch den tropischen Wald.

EDELWEISS

Oben:
Gar nicht überlaufen sind die Strände in der Nähe von Bahoruco. Der Massentourismus hat sie noch nicht entdeckt.

Rechts:
Zu … Stränden findet … Lo… an der Tropical … Bonita in der … E… dschaft über … cht Zugang.

Links:
Paraíso heißt dieser Ort. Angesichts der Aussicht weiß man auch warum.

Oben:
Nur ein einsames Zubringerboot tuckert am Strand von Bahia de las Aguilas im Südwesten der Insel herum. Besucher müssen sich ihre Verpflegung selbst mitnehmen. Strandverkäufer sucht man hier vergebens.

Rechts:
An steilen Felswänden vorbei geht es zur Bahia de las Aguilas, dem Strand der Adler.

EDELWEISS

Oben:
Gar nicht überlaufen sind die Strände in der Nähe von Bahoruco. Der Massentourismus hat sie noch nicht entdeckt.

Rechts:
Zu diesen Stränden findet man von der Tropical Lodge Casa Bonita in der Hügellandschaft über Bahoruco leicht Zugang.

Oben:
Der Steuermann des Bootes muss schon wissen, wie man zwischen Felsen und Steilhängen manövriert.

Links:
Sonnenhungrige auf dem Weg zur Bahia de las Aguilas: Eine Schwimmweste zu tragen, hat sich noch immer bewährt.

Seite 132/133:
Welches Gedicht könnte dieser Aussicht von Bahia de las Aguilas Rechnung tragen?

REGISTER

Playa Monte Cristi
PN Monte Cristi
Monte Cristi
El Manantial
Bahia de Monzanillo
Manzanillo
Castañuelas
Villa Vásquez
Guayubin
Valle del C
Dajabón
Sabar
Loma de Cabrera
Restauraciòn
HAITI
Pedro Santana
Macasia
Comendador
Matayaya
Las Matas de Farfán
San Juan
El Cercado
Hondo Valle
PN Sierra de Neiba
2.280 m
Vallejue
La Deseubierta
PN Isla Cabritos
Villa Jaragua
Jimani
Lago Enriquillo
Nelba
Duvergé
Laguna de Rincón
2.368 m
PN Sierra de Baoruco
Los Arroyos
Polo Magnetico
Las Auyamas
Pedernales
Cabo Rojo
Bahía de Los Aguilas
Oviedo
PN Jaragua
Lago Oviedo
Isla Beata
Cabo Beata

50 km
Atlantischer Ozean
Karibisches Meer
DOMINIKANISCHE REPUBLIK
Playa Grande
Luperón
Puerto Plata
Playa Cofresí
Playa Costambar
Villa Isabela
Los Hidalgos
Imbert
PN Literal del Norte
Playa Dorada
Sosúa
Playa Cabarete
Cabarete
PN El Choco
Altamira
Los Circuelos
Cruce de Veragua
Esperanza
Mao
Sonador
Gaspar Hernández
Magante
Bahía Escondido
Playa Caleton
Rio San Juan
PN Cabo Francés Viéjo
Cabrera
Playa Diamante
La Entrada
Bisonó
1.070 m
Tamboril
Pedra Gorda
Rio Yaque del Norte
SANTIAGO
Puesto Grande
Moca
Salcedo
El Juncal
Nagua
Bahía Escocesa
Playa Bonita
Portillo
Cabo Cabrón
Cabo de Samaná
San José de la Mata
Jánico
Santo Cerro
Puebla Viejo
San Fancisco de Macoris
El Cruce
Las Terrenas
El Limón
El Valle
Las Galeras
Cruce de Rincón
Samaná
Sanchez
Arroyo Barril
Bahía de Samaná
La Vega
Vega Real
PN Arqueologica Historica la Vega Vieja
Jarabacoa
El Algarrobo
Fantino
Rio Yuna
Las Coles
Cotuí
PN Los Haitises
Pico Duarte
3.175 m
La Zapa
Presa de Hatilo
Cevicos
Sabana de la Mar
Las Cañitas
Playa del Rey
Miches
Playa del Muerto
José del Romírez
Bonao
Sabana Grande de Boyá
El Valle
El Cedro
Constanza
Aguas Blancas
Maimón
Cordillera Oriental
Sabana de Barriolo
La Vacama
PN Bahía de Maimón
Playa de Macao
Piedra Blanca
Monte Plata
Rio Verde
Yamasá
Hato Mayor
Bayaguana
El Seibo
El Cortecito
Playa Bávaro
Bávaro
Playa Cabeza de Toro
2.843 m
Guanito
PN Montaña La Humeadora
Villa Altagracia
Llanura Costera del Caribe
Guayamate
Manati Park
Cruz de las Yayas
2.582 m
Peralta
Cordillera Central
Cordillera Septentrional
Los Llanos
Higüey
Veron
Cabo Engaño
San José de Ocoa
Los Alcarrizos
Parque Mirador del Norte
Sabana Perdida
Los Tres Ojos
Guerrero
Punta Cana
Rio Yaque del Sur
El Cruce del Quince
Azua
Cambita Garabito
Parque Zoologico
Acuario
PN Litoral Sur
San Pedro de Macoris
San Rafael del Yuma
Playa Punta Cana
Vicente Noble
PN Sierra Martin Garcia
El Cruce de Ocoa
Hajna
San Cristobal
SANTO DOMINGO
Boca Chica
Juan Dolio
Soco
La Romana
Residencia Ponce de Leon
Bahía de Ocoa
Cuevas del Pomier
PN Submarino La Caleta
Playa Boca Chica
Playa de Guayacanes
Playa de Sardina
Playa Cama-yasa
Isla Catalina
Altos de Chavón
Bayabibe
Los Jaquimeyes
Najayo
Playa Najayo
Cabo San Rafael
Bahía de Neiba
Baní
Nizao
Playa Palenque
La Tortuga
Barahona
Punta Salina
Playa de Baní
Punta Palenque
Playa de Barahona
Playa San Rafael
Las Balizas
Bahía Catalinita
Isla Saona
Paraíso
quillo

Freundlichkeit steckt an: Wenn Reisende einem solchen Lächeln begegnen, stimmt es sie für den ganzen Tag heiter.

Impressum

Buchgestaltung
www.hoyerdesign.de

Karte
Fischer Kartografie, Aichach

Alle Rechte vorbehalten

Printed in Germany
Repro: Artilitho snc, Lavis-Trento, Italien
www.artilitho.com
Druck und Verarbeitung: Offizin Andersen Nexö, Leipzig
© 2012 Verlagshaus Würzburg GmbH & Co. KG
© Fotos: Christian Heeb
© Texte: Karin Hanta

ISBN 978-3-8003-4138-2

Christian Heeb veranstaltet Workshops und Fotoreisen weltweit.
www.heebphoto.com

Danksagung
Fotograf und Autorin danken DomRep Tours (www.domreptours.eu) für die freundliche und fachkundige Unterstützung zur Vorbereitung und Durchführung der Reise durch die Dominikanische Republik.

Ihr Spezialist für Individualreisen in die Dominikanische Republik mit Hauptbüro in Santo Domingo und Vertretungen in Europa.
www.domreptours.eu

Unser gesamtes Programm finden Sie unter:
www.verlagshaus.com